Ascendiendo al éxito

EDICIÓN PATHFINDER

Por Jacqueline St. Jacques

CONTENIDO

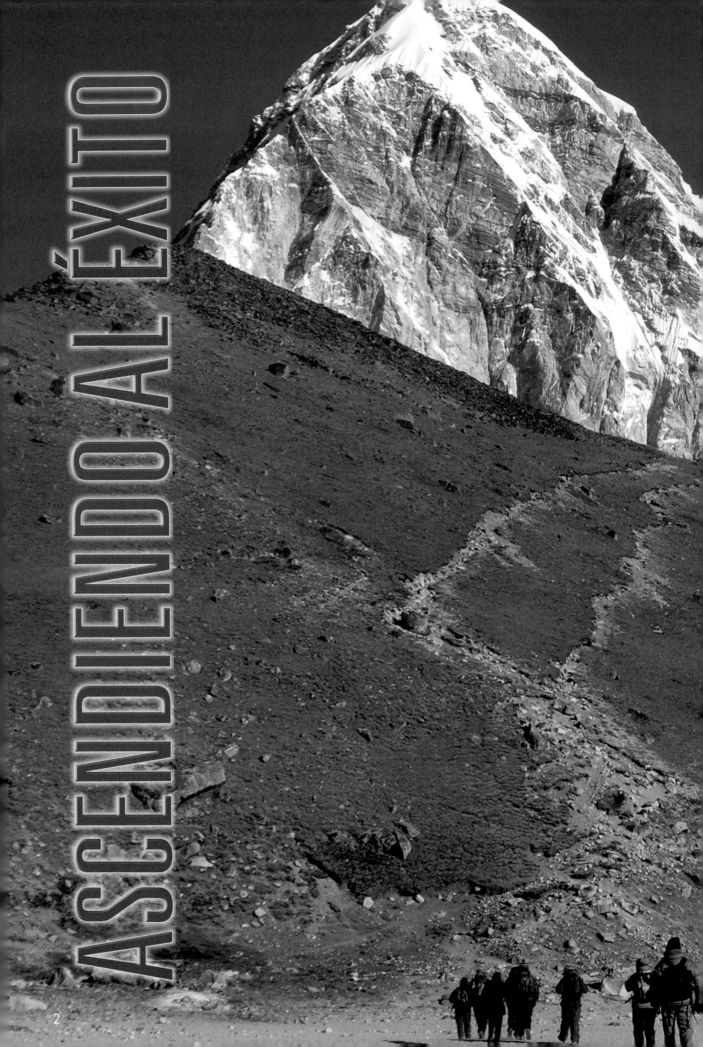

ASCENDIENDO AL ÉXITO

Experiencia pico. *Después de décadas de ayudar a otros a ascender al Everest, los sherpa del Valle Khumbu, en Nepal, ahora dirigen sus propias expediciones en el Himalaya.*

Olvídate de las clases de gimnasia. Los estudiantes de Kili Sherpa aprenden a escalar —y sobrevivir— en las montañas más altas de la Tierra.

POR JACQUELINE ST. JACQUES

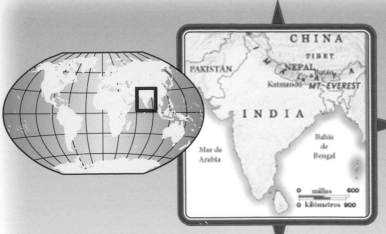

Kili Sherpa siempre supo lo que sería de grande: un montañista. Él quería trepar, o **escalar**, el Himalaya. Estos picos se elevan sobre el pueblo de Kili en el país asiático de Nepal.

El pico más alto de todos es el Monte Everest. Se eleva 29.028 pies por encima del nivel del mar. Ese es el punto más alto de todo el planeta.

Algunos de los parientes de Kili trabajaron en expediciones o viajes en el Himalaya. Llevaron equipos y ayudaron a los montañistas. A Kili le encantaba oír sus historias. Y con entusiasmo practicaba escalar la roca de 100 pies cerca a su casa.

Al final, Kili se convirtió en un hábil montañista y guía. Llegó a la cumbre, o cima, del Everest en el año 2000. Pero Kili ahora también tiene otro trabajo. Es uno que nunca esperó tener.

Kili Sherpa es un maestro.

La historia de los sherpas

La vida de Kili puede sonar poco común. ¿Cuántos montañistas profesionales conoces? Pero trabajar en las montañas es algo común para la gente de Kili: los sherpas.

Los sherpas son un grupo de unas 25.000 personas. Sus ancestros vivían en el Tíbet, que ahora es parte de China. El nombre "sherpa" es una palabra tibetana que significa "gente oriental".

A comienzos del siglo 1500, muchos sherpas **migraron** o se mudaron a Nepal. Construyeron pueblos, cultivaron papas y otros productos y criaron bestias lanudas llamadas **yaks**. No obstante, a pesar de mudarse, los sherpas mantuvieron su idioma y sus tradiciones.

Observando su nuevo hogar, los sherpas pronto notaron el increíble Himalaya. Honraban las montañas por considerarlas el hogar de sus dioses. Una cosa que los sherpas no hacían era escalar las montañas. Eso vino después.

Héroe de su ciudad natal. *Kili Sherpa (en morado) guía a niños por su pueblo.*

Gran negocio

Ese "después" ocurrió a inicios del siglo veinte. Allí fue cuando Alexander Kellas, un explorador británico, contrató sherpas para cargar sus equipos en sus expediciones. La fortaleza y el valor de los sherpas lo dejaron impresionado. También su habilidad de trabajar duro sin quejarse.

Rápidamente, los sherpas se convirtieron en la columna vertebral de la exploración en el Everest. De hecho, un sherpa llamado Tenzing Norgay fue la primera persona fotografiada en la cima del Monte Everest. Él y Edmund Hillary, un apicultor de Nueva Zelanda, fueron los primeros en llegar a la cumbre del Everest. Lo hicieron el 29 de mayo de 1953.

Después de eso, las expediciones al Everest aumentaron, convirtiéndose en un gran negocio. Al igual que Kili, la mitad de la población sherpa ahora trabaja en el mundo del montañismo. Instalan campamentos, se encargan de los equipos y cocinan. Los sherpas también hacen la tarea dura y riesgosa de marcar la ruta para ascender la montaña.

Trabajos peligrosos

Kili y otros hábiles montañistas ganan mucho más que si cultivaran la tierra o se dedicaran al comercio. Pero también enfrentan peligros mortales. La "montaña inmisericorde", como la llamó un escritor, ha matado a más de 150 personas.

Los montañistas han muerto en tormentas y **avalanchas**. También se han enfermado por estar tan alto sobre el nivel del mar. Hay muchos sherpas que conocen montañistas que nunca volvieron a casa.

Nadie puede hacer que el Himalaya sea seguro. Kili Sherpa lo sabe. Pero también sabe que si los montañistas aprenden las habilidades correctas, estas pueden ayudarlos a sobrevivir. Se preocupó cuando vio que estaban contratando a sherpas jóvenes y sin entrenamiento para hacer trabajos peligrosos.

"Alguien debería enseñarles" pensó.

Aprendiendo a usar las sogas. *Kili Sherpa (con gorra) sostiene firmemente la soga de escalar de un estudiante (abajo). Eso ayuda a los estudiantes a escalar la roca con seguridad (derecha).*

5

Vocabulario

avalancha: gran cantidad de nieve, hielo, rocas o tierra que se desliza hacia la parte inferior de una montaña

crampones: púas de metal adheridas a las botas de los montañistas para ayudarlos a no patinar en el hielo

escalar: trepar

migrar: mudarse de un lugar a otro

yak: animal asiático relacionado a la vaca

Habilidad + sentido común = seguridad

Kili Sherpa abrió la escuela de montañistas sherpa Solu-Khumbu en 1996. Cada primavera y otoño, vienen niños, adolescentes y adultos jóvenes a aprender lo básico del montañismo. Las lecciones son gratis.

"La seguridad es lo primero", Kili les dice a sus estudiantes. "Siempre revisa tus nudos y recuerda cuidar tus equipos". Las sogas necesitan un cuidado especial, enfatiza.

Eso es porque los montañistas a menudo usan púas de metal, llamadas **crampones**, en sus botas. Los crampones son excelentes para fijarse al hielo. Pero también pueden cortar las sogas. Así que los montañistas deben pisar con cuidado.

Kili también ofrece consejos para ser un montañista inteligente. "Nunca te dejes llevar por el pánico", dice. "Recuerda que la soga te tiene sujeto. Siempre siente la roca con tus manos y pies en busca de lugares de donde sostenerte. Con frecuencia, tus ojos no van a detectar los lugares de donde sostenerte. Mantén tres puntos [una combinación de manos y pies] de apoyo en la roca en todo momento".

Educación física. *Los estudiantes de Kili Sherpa aprenden a escalar enfrentándose a rocas grandes.*

La práctica es esencial

Kili enseña a los estudiantes a ponerse un arnés de montañismo y a hacer nudos. Luego les hace practicar las técnicas clave. Entre estas se pueden mencionar
- **amarre:** sostener las sogas para que otro escalador pueda subir con seguridad,
- **jumarear:** usar herramientas de sujeción de la soga para escalar hacia arriba, y
- **rapelar:** deslizarse hacia abajo por una soga.

Los estudiantes practican esos movimientos una y otra vez. "Cuando estás a gran altura", Kili dice, "las habilidades deben ser automáticas".

Oportunidades pico

Los estudiantes pasan días escalando y aprendiendo con Kili. Nos indica que el entrenamiento es solo parte de la educación de un sherpa. No obstante, "permite que las habilidades básicas se conviertan en algo automático para ellos antes de que sigan progresando".

Después de estudiar con Kili, los estudiantes pueden empezar a hacer trabajos simples en equipos de expediciones. A medida que trabajan y observan, aprenden incluso más. "A menudo toma años", dice, "antes de que alguien pueda hacer su primer ascenso importante".

Los primeros estudiantes de Kili ya están ascendiendo hacia nuevas oportunidades. Algunos incluso han trabajado en expediciones al Everest. Kili espera que la nueva generación de sherpas alcance grandes alturas.

Y luego, realmente espera que vuelvan a bajar.

Las siete cumbres

"Las siete cumbres" es el nombre dado a la montaña más alta de cada continente. Observa el mapa y la tabla a continuación para comparar estos picos.

Montaña	Continente	Elevación	Primera que se escaló
Monte Aconcagua	Sudamérica	22.834 pies	1897
Monte Elbrus	Europa	18.510 pies	1874
Monte Everest	Asia	29.028 pies	1953
Monte Kilimanjaro	África	19.340 pies	1889
Monte Kosciuszko	Australia	7.310 pies	1840
Monte McKinley	Norteamérica	20.320 pies	1913
Macizo Vinson	Antártida	16.067 pies	1966

MONTE EVEREST

HACHA PARA HIELO:
herramienta que se clava en las paredes de hielo, permitiendo a los escaladores sujetarse ▶

MOSQUETÓN: *eslabón de metal que conecta la soga de escalar con el pitón* ▶

PITÓN: *púa de metal que se inserta en la fisuras rocosas y que sirven de ancla para las sogas* ▼

Llegando a la cima

El Everest se eleva por encima de las tiendas de los escaladores (izquierda).
Para llegar al pico, los montañistas dependen de estas herramientas del oficio (abajo).

▲

TORNILLO PARA HIELO: *tornillo grande de metal que se atornilla en el hielo para crear un ancla para las sogas*

▲

LEVA: *dispositivo que se abre dentro de una ranura, proporcionando un punto de anclaje para las sogas*

▲

CRAMPONES: *púas de metal que ayudan a que las botas de los montañistas se enganchen al hielo*

Una experiencia pico. *Tenzing Norgay iza una bandera en la cima del Monte Everest. Él y Edmund Hillary fueron las primeras personas en alcanzar esta cumbre.*

Por muchos años, la gente pensó que alcanzar la cumbre del Monte Everest era imposible. Sin embargo, eso no les impidió intentarlo. El Monte Everest era el desafío máximo. Alcanzar su cumbre era hacer historia. Querían ser los primeros en conquistar la montaña más alta del mundo.

Ascendiendo a nuevas alturas

A comienzos de 1950, muchos hombres buscaron la fama en el Monte Everest. La montaña no podía escalarse a solas. Por eso, los hombres formaron equipos de montañismo. Los miembros de un equipo trabajaban juntos para escalar el Everest. No obstante, cada hombre soñaba con ser el primero en llegar a la cima.

Para alcanzar la cumbre, los montañistas necesitaban habilidad y experiencia. Necesitaban valor. También necesitaban un poco de suerte. Un británico tuvo todo eso en mayo de 1953.

El 26 de mayo, dos montañistas del equipo ascendieron por la montaña. Llegaron a 300 pies de la cumbre. Luego tuvieron un problema con sus equipos. Decepcionados, tuvieron que regresar.

Edmund Hillary y Tenzing Norgay fueron los siguientes en intentarlo. Salieron de su campamento a las 6:30 a.m. del 29 de mayo. Lentamente avanzaron a lo largo de una pendiente empinada. Pronto llegaron a un paso rocoso de 40 pies de alto. Hillary lideraba el camino. Los dos hombres serpenteaban hacia arriba atravesando una ranura hacia la cima. Cruzaron un borde angosto. Luego hicieron lo que nadie había hecho hasta entonces. Caminaron hasta la cima cubierta de nieve. Hillary llegó a la cima a las 11:30 a.m. Norgay estaba a tan solo unos pies de él.

Batiendo récords

El éxito de Hillary y Norgay inspiró a personas de todo el mundo. Los montañistas querían establecer nuevos récords. Escalaron el Monte Everest desde diferentes lados. Tomaron rutas distintas para llegar a su cumbre.

Estas personas tenían algo en común. Todos eran hombres. Ninguna mujer había alcanzado la cima de la montaña. Una mujer japonesa llamada Junko Tabei cambió todo eso.

Tabei era una profesora de música, periodista y madre. Empezó a practicar el montañismo cuando tenía diez años. Tabei solamente medía 4 pies y 9 pulgadas de alto. No obstante, era una montañista de nivel mundial.

En mayo de 1975, Tabei lideró la primera expedición de mujeres a la cima del Everest. Las mujeres eran montañistas experimentadas. Pero Tabei casi no lo logró. Una avalancha la dejó sepultada. Por suerte, alguien notó sus botas que sobresalían de la nieve. Fue rescatada. Tabei estaba muy golpeada y sus lentes se rompieron. Pero siguió adelante. Doce días después se convirtió en la primera mujer en llegar a la cima del Monte Everest.

Atreviéndose a subir

Hoy en día, los montañistas siguen subiendo al Monte Everest. La travesía a la cima es peligrosa. Pero para mucha gente, vale la pena arriesgarse para llegar a la cima del mundo. Desde la famosa expedición de Hillary y Norgay, unas 1600 personas han alcanzado la cumbre del Monte Everest. Más de 70 han sido mujeres.

La primera mujer. *Junko Tabei celebra en la cima del Monte Everest en 1975. Fue la primera mujer en llegar a la cumbre.*

Monte Everest

Responde las siguientes preguntas para descubrir lo que has aprendido sobre la montaña más alta del mundo.

1 ¿Dónde está ubicado el Monte Everest?

2 Cuándo empezaron a escalar los sherpas el Monte Everest? ¿Por qué?

3 ¿Por qué Kili Sherpa abrió una escuela de montañismo?

4 ¿Cuáles son las siete cumbres? Compáralas.

5 ¿Cuál es el desafío más duro que enfrentan los montañistas cuando escalan el Monte Everest? Explica.